ACCOUNTING LEDGER BOOK

Name: _____

Phone: _____

No.	Date	Description	Account	Debit	Credit	Balance	

No.	Date	Description	Account	Debit	Credit	Balance

No.	Date	Description	Account	Debit	Credit	Balance

No.	Date	Description	Account	Debit	Credit	Balance

No.	Date	Description	Account	Debit	Credit	Balance

No.	Date	Description	Account	Debit	Credit	Balance	

No.	Date	Description	Account	Debit	Credit	Balance	

No.	Date	Description	Account	Debit	Credit	Balance

No.	Date	Description	Account	Debit	Credit	Balance

No.	Date	Description	Account	Debit	Credit	Balance

No.	Date	Description	Account	Debit	Credit	Balance	

No.	Date	Description	Account	Debit	Credit	Balance

No.	Date	Description	Account	Debit	Credit	Balance	

No.	Date	Description	Account	Debit	Credit	Balance

No.	Date	Description	Account	Debit	Credit	Balance	

No.	Date	Description	Account	Debit	Credit	Balance

No.	Date	Description	Account	Debit	Credit	Balance	

No.	Date	Description	Account	Debit	Credit	Balance	

No.	Date	Description	Account	Debit	Credit	Balance	

No.	Date	Description	Account	Debit	Credit	Balance

No.	Date	Description	Account	Debit	Credit	Balance	

No.	Date	Description	Account	Debit	Credit	Balance

No.	Date	Description	Account	Debit	Credit	Balance

No.	Date	Description	Account	Debit	Credit	Balance

No.	Date	Description	Account	Debit	Credit	Balance	

No.	Date	Description	Account	Debit	Credit	Balance

No.	Date	Description	Account	Debit	Credit	Balance	

No.	Date	Description	Account	Debit	Credit	Balance

No.	Date	Description	Account	Debit	Credit	Balance	

No.	Date	Description	Account	Debit	Credit	Balance

No.	Date	Description	Account	Debit	Credit	Balance

No.	Date	Description	Account	Debit	Credit	Balance

No.	Date	Description	Account	Debit	Credit	Balance	

No.	Date	Description	Account	Debit	Credit	Balance	

No.	Date	Description	Account	Debit	Credit	Balance

No.	Date	Description	Account	Debit	Credit	Balance	

No.	Date	Description	Account	Debit	Credit	Balance	

No.	Date	Description	Account	Debit	Credit	Balance

No.	Date	Description	Account	Debit	Credit	Balance	

No.	Date	Description	Account	Debit	Credit	Balance	

No.	Date	Description	Account	Debit	Credit	Balance

No.	Date	Description	Account	Debit	Credit	Balance	

No.	Date	Description	Account	Debit	Credit	Balance	

No.	Date	Description	Account	Debit	Credit	Balance

No.	Date	Description	Account	Debit	Credit	Balance

No.	Date	Description	Account	Debit	Credit	Balance

No.	Date	Description	Account	Debit	Credit	Balance	

No.	Date	Description	Account	Debit	Credit	Balance

No.	Date	Description	Account	Debit	Credit	Balance	

No.	Date	Description	Account	Debit	Credit	Balance

No.	Date	Description	Account	Debit	Credit	Balance

No.	Date	Description	Account	Debit	Credit	Balance

No.	Date	Description	Account	Debit	Credit	Balance	

No.	Date	Description	Account	Debit	Credit	Balance

No.	Date	Description	Account	Debit	Credit	Balance

No.	Date	Description	Account	Debit	Credit	Balance	

No.	Date	Description	Account	Debit	Credit	Balance

No.	Date	Description	Account	Debit	Credit	Balance

No.	Date	Description	Account	Debit	Credit	Balance

No.	Date	Description	Account	Debit	Credit	Balance	

No.	Date	Description	Account	Debit	Credit	Balance

No.	Date	Description	Account	Debit	Credit	Balance

No.	Date	Description	Account	Debit	Credit	Balance	

No.	Date	Description	Account	Debit	Credit	Balance

No.	Date	Description	Account	Debit	Credit	Balance

No.	Date	Description	Account	Debit	Credit	Balance

No.	Date	Description	Account	Debit	Credit	Balance	

No.	Date	Description	Account	Debit	Credit	Balance

No.	Date	Description	Account	Debit	Credit	Balance

No.	Date	Description	Account	Debit	Credit	Balance

No.	Date	Description	Account	Debit	Credit	Balance

No.	Date	Description	Account	Debit	Credit	Balance

No.	Date	Description	Account	Debit	Credit	Balance	

No.	Date	Description	Account	Debit	Credit	Balance

No.	Date	Description	Account	Debit	Credit	Balance

No.	Date	Description	Account	Debit	Credit	Balance

No.	Date	Description	Account	Debit	Credit	Balance

No.	Date	Description	Account	Debit	Credit	Balance

No.	Date	Description	Account	Debit	Credit	Balance

No.	Date	Description	Account	Debit	Credit	Balance

No.	Date	Description	Account	Debit	Credit	Balance

No.	Date	Description	Account	Debit	Credit	Balance	

No.	Date	Description	Account	Debit	Credit	Balance	

No.	Date	Description	Account	Debit	Credit	Balance

No.	Date	Description	Account	Debit	Credit	Balance

No.	Date	Description	Account	Debit	Credit	Balance	

No.	Date	Description	Account	Debit	Credit	Balance

No.	Date	Description	Account	Debit	Credit	Balance

No.	Date	Description	Account	Debit	Credit	Balance	

No.	Date	Description	Account	Debit	Credit	Balance

No.	Date	Description	Account	Debit	Credit	Balance

No.	Date	Description	Account	Debit	Credit	Balance

No.	Date	Description	Account	Debit	Credit	Balance	

No.	Date	Description	Account	Debit	Credit	Balance

No.	Date	Description	Account	Debit	Credit	Balance	

No.	Date	Description	Account	Debit	Credit	Balance

No.	Date	Description	Account	Debit	Credit	Balance	

No.	Date	Description	Account	Debit	Credit	Balance

No.	Date	Description	Account	Debit	Credit	Balance	

No.	Date	Description	Account	Debit	Credit	Balance

No.	Date	Description	Account	Debit	Credit	Balance	

No.	Date	Description	Account	Debit	Credit	Balance	

No.	Date	Description	Account	Debit	Credit	Balance

No.	Date	Description	Account	Debit	Credit	Balance

No.	Date	Description	Account	Debit	Credit	Balance

No.	Date	Description	Account	Debit	Credit	Balance

No.	Date	Description	Account	Debit	Credit	Balance	

No.	Date	Description	Account	Debit	Credit	Balance

No.	Date	Description	Account	Debit	Credit	Balance	

No.	Date	Description	Account	Debit	Credit	Balance

No.	Date	Description	Account	Debit	Credit	Balance

No.	Date	Description	Account	Debit	Credit	Balance

No.	Date	Description	Account	Debit	Credit	Balance

No.	Date	Description	Account	Debit	Credit	Balance

No.	Date	Description	Account	Debit	Credit	Balance	

No.	Date	Description	Account	Debit	Credit	Balance

No.	Date	Description	Account	Debit	Credit	Balance

No.	Date	Description	Account	Debit	Credit	Balance

No.	Date	Description	Account	Debit	Credit	Balance	

Made in the USA
Monee, IL
02 December 2021

83660100R00070